DOCUMENTS ET MANUSCRITS

EXÉCUTION DU DUC DE MONTMORENCY

ET

LA DUCHESSE

DE

MONTMORENCY

A MOULINS

BIBLIOTHÈQUE MAZARINE, MSS. 1755 ET 2359

PARIS — 1889

EXÉCUTION DU DUC DE MONTMORENCY

ET

LA DUCHESSE

DE

MONTMORENCY

A MOULINS

BIBLIOTHÈQUE MAZARINE, MSS. 1755 ET 2359

PARIS — 1889

*Relation de la fin qu'a faite M. de Montmorency, le 30 octobre
à 2 heures après midi. Ms. 2359.*

Il avait demandé pour confesseur le P. Arnoux, jésuite. Celui-ci
alla à l'Hôtel de Ville. Il l'aborda en lui disant qu'il était « grandement marri de l'assister dans une occasion aussi funeste et
imprévoyable ». Le duc « lui sauta au col et répondit qu'en bien
profitant de cette occasion il n'y aurait de malheur ni pour l'un
ni pour l'autre » ; il fit une sorte de préparation de confession
générale, accepta des reliques du père et lui donna « en échange
de quelques rubans et braillons qu'il portait au bras droit ».

Le Père voulut qu'il se reposât de bonne heure en vue de la
journée du lendemain. Le duc avait demandé au roi la matinée
du lendemain « pour vaquer à loisir et sans contrainte à la re-
cherche de sa conscience, pour mourir sans scrupule et inquiétude quelconque ».

Rassuré à ce sujet, « il passa fort doucement la nuit sans perdre un seul moment de son sommeil ». Son confesseur alla à son
chevet le lendemain vers 5 ou 6 heures du matin ; « il le trouva
tout gai disant : « Bonjour, mon Père, courage, voici une grande
« journée, j'ai besoin de votre assistance ». « Tâtez mon cœur,
ajouta-t-il, s'il palpite et mon pouls s'il se hâte plus que de l'ordinaire ; » il craignit d'avoir parlé par vanité et il ajouta « que
sa force venait de Dieu ».

Il offrit au Père son corps ou son cœur pour sa maison. « J'accepte le cœur, dit ce dernier, sous le bon plaisir du roi. » Le chirurgien pansa les blessures du duc au cou et celui-ci récita en
latin le psaume : « Seigneur j'ai espéré en vous. » Il le savait par
cœur et l'avait « familier avec les litanies de la sainte Vierge ».

Il avait à cœur de commencer sa confession et il pressa de Launay de voir le roi, de faire ratifier officiellement le sursis. De Launay lui suggéra de demander sa grâce tout entière.

Il consulta le Père ; il n'avait, disait-il, aucune « inclination à vivre encore ». Celui-ci lui dit que c'était un devoir. « Je vous prie, Monsieur, répond le duc à de Launay, de dire à M. le Cardinal que je suis son serviteur, que si, par sa faveur, il me conserve la vie, fléchissant le cœur du roi à la miséricorde... je tâcherai de vivre en sorte qu'il ne se repentira jamais ; mais dites-lui aussi que je ne souhaite pas que Sa Majesté... apporte aucune contrainte à son service, s'il est jugé que ma mort soit plus utile pour l'État que le reste des années que je pourrai survivre étant comme je suis dans la fleur de mon âge. »

Resté seul avec son confesseur, il reçut dans ses mains le crucifix, se mit à genoux, l'embrassa tendrement, sanglota, reprit « ses esprits et son haleine », et « en moins de deux petites heures » il « fila » « avec horreur, foi, » clarté et « tout à l'aise » sa confession générale « du plus loin de sa souvenance ».

Il se leva allégé : « Mon Père, dit-il, c'en est fait, je ne veux plus vivre. Je renonce aux délais et je suis marri s'il y en a. Je ne croyais pas en sortir de la sorte. » « Seigneur, dit-il en latin, laissez maintenant partir votre serviteur. » Il témoigna le désir de mourir le vendredi comme le Sauveur, c'est-à-dire le lendemain. Son confesseur lui répondit que ces sentiments seraient parfaits avec une pensée d'expiation. « Je l'entends bien ainsi, dit-il, mais hâtons-nous de prendre le viatique pour faire joyeusement ce voyage... J'ai eu du goût toute ma vie à ce sacrement... »

Après son action de grâce, s'adressant à son confesseur : « Qui a dedans soi la vie, dit-il, ne craint pas la mort. »

Peu après il apprit que le roi avait accordé son sursis avec de bonnes paroles. Il répondit qu'il n'en avait plus besoin, qu'il n'avait pas cru pouvoir être « sitôt prêt », mais qu'il tâcherait d'utiliser tous les moments pour bien mourir.

Il se mit alors à écrire. Il était convenu que ce qu'il écrirait serait cacheté par lui et remis au roi.

Il commença par une lettre à Mme de Montmorency, lettre courte, mais « qui contient tout ce qui peut la résoudre à prendre de la main de Dieu un si effroyable accident ».

Puis il écrivit pour disposer de ses biens « sans oublier personne, ni donner aucun sujet de mécontentement ».

Il pourvut aux moyens que « pouvaient et devraient tenir ses héritiers pour le plein et absolu acquit de ses dettes ». Il recommande particulièrement ses services à ses héritiers ; il les recommande « très affectueusement à la bonté du roi et aux soins charitables de monseigneur le Cardinal ».

Il fit plusieurs legs à différentes maisons de Toulouse. Il légua deux tableaux à la princesse et un tableau de saint Sébastien au Cardinal. Il fit ce dernier legs « de fort bonne grâce et de son pur motif ». Sa candeur et sa présence d'esprit ravissaient les assistants. Il ne cessait de penser à ceux qu'il avait pu offenser et confiait à tout instant des commissions à cet effet à son confesseur.

Après ces dispositions, il se mit en prières ; il pria particulièrement la sainte Vierge. Il finit ainsi la journée. Il était fatigué. « Mon Père, dit-il d'un visage toutefois riant, cette chair voudrait bien se révolter et murmurer, mais nous l'empêcherons avec la grâce de Dieu. »

Il dormit six heures, sans songe ni inquiétude, comme s'il ignorait « les approches toutes certaines de la dernière minute de sa vie ». Son confesseur le trouva gai et content. Il embrassa son crucifix : « Levez-vous, allons, » dit-il, en faisant allusion aux paroles du Sauveur au jardin des Oliviers.

Toutefois il ne voulut point d'abord se laisser panser par son vieux chirurgien. « L'heure était venue, disait-il, de guérir toutes ses plaies par une seule qui nettoyerait tout. »

Un carrosse arriva, qui le transporta en présence du Parlement. Les abords de l'Hôtel de Ville étaient garnis de troupes. Il avait demandé à son confesseur s'il devait avouer son crime, sans y joindre ce qui pouvait l'atténuer. Il était, disait-il, innocent d'avoir appelé l'ennemi en France ; il n'avait reçu le frère du roi dans son gouvernement que pour écarter un danger imminent, dans son opinion. Quant à sa propre rébellion, il se la justifiait par le bien public. Il craignait que ses réticences sur ces considérations ne lui donnassent les apparences « d'une noire ingratitude » envers le roi.

D'autre part, il aimait mieux ne rien révéler qui « pût aider à lui sauver la vie ». Il aimait mieux jouir bientôt d'une vie meilleure « par une abondante satisfaction dans l'infamie de l'effusion de son sang ».

Son confesseur lui répondit qu'à côté du devoir de sauvegarder sa réputation il y avait « la haute philosophie de la religion » : « celle-ci apprend, disait-il, à s'anéantir soi-même ». Et, d'ailleurs, chacun juge suivant sa passion, du côté de laquelle il se donne « le trait de la balance », tandis qu'il existe d'indiscutables principes qui « ferment la porte à tous les prétextes de rébellion ».

« D'ailleurs, ajoutait-il, son silence parlerait mieux que ses excuses et attesterait son repentir. »

« Vous me faites grand plaisir, dit le duc, en l'embrassant. J'ai bien plus de repos en cette conduite. » Il baisa son crucifix : « Mon bon Jésus, dit-il, je vous suivrai de la sorte, puisque vous, dans votre innocence, vous voulûtes être un agneau à la boucherie. » Cette attitude douce, humble sans « recusation ni excuse, ni contredit » frappèrent ses juges d'étonnement. Ils virent que s'il avouait mériter la mort, c'était dans les sentiments d'une créature qui se repent, se confond et s'anéantit devant Dieu.

Il excita encore leur admiration en rentrant dans la salle pour retirer un démenti donné à un témoin. Celui-ci avait affirmé une chose vraie, mais que le duc seul pouvait connaître.

Il revint à la maison-de-ville en priant et, particulièrement, en remerciant la sainte Vierge de l'avoir assisté dans cette séance.

Rentré dans sa chambre, il fit cadeau à l'exempt de son « bel habit de drap d'Espagne qu'il portait... pour paraître au supplice en habit de simple toile blanche. » Ce qui attendrit et fit pleurer les gardes.

Cependant « il met la main à la plume pour la dernière fois » et « couche sur le papier » ses adieux, notamment au cardinal de la Valette et à sa sœur. Il se limita, dans ces épanchements, pour ne pas être distrait « du principal ».

Il écrivit encore quelque chose concernant quelques particuliers auxquels il se souvint d'être grandement obligé pour des emprunts faits lors de la rébellion.

Il remercia ensuite les gardes, « n'omettant nulle sorte de gratitude ou courtoisie bienséante ».

« Parmi tout ce tracas, » il eut besoin de prendre un bouillon. « Le bon Dieu, dit-il, m'a fait cette grâce il y a quatre ou cinq jours, d'avoir tout le palais et la langue comme abreuvés d'absinthe. » Il avait une « fluxion ordinaire qui lui tombait sur les plaies de sa gorge avec péril de l'étouffer ».

Le capitaine des gardes du corps lui demanda, de la part du roi, son bâton de maréchal et l'ordre de chevalier. « Mon cher cousin, dit-il, je rends volontiers le bâton et l'ordre à mon roi, puisqu'il m'a jugé indigne de sa grâce. A cette parole, on ouït un concert de sanglots. »

Au moment où il allait descendre à la chapelle pour entendre son arrêt, de Launay fut mandé par le roi. C'était un indice favorable relativement à sa grâce. Le duc, sans en paraître ému, s'empressa d'utiliser ce sursis. A sa prière son confesseur et trois Pères Jésuites récitèrent les litanies, auxquelles il répondit, et le psaume : « Seigneur, j'ai espéré en vous. »

« Un torrent d'amour » l'emporta « dans les embrassades de son crucifix ». Il pensa alors à Madeleine qui n'osa baiser que les pieds du Sauveur même après la résurrection. A cette pensée, il pleura abondamment et il semblait « devoir rendre l'âme ».

Il se remit à embrasser son crucifix comme auparavant. « Puisque vous me le permettez, dit-il à son confesseur, je ne laisserai de jouir en confiance de Celui que j'espère voir et tenir aujourd'hui. »

Il demanda, en effet, un peu plus tard, si en passant « par la fournaise de la tribulation » on ne pouvait « aller bien vite en Paradis » et prendre « soin » de ses amis. La réponse de son confesseur fut qu'à force de patience et de charité on pouvait arriver à éviter « les tourments expiatoires de l'autre vie ». Cette dernière pensée le consola, « tant il avait de tendresse pour ses amis, desquels seule la mémoire, entre les choses humaines, lui était sensible ».

Il devait porter une certaine médaille indulgenciée, au moment de sa mort. Son confesseur voulut la lui attacher au bras. « Non, dit-il, donnez-la-moi. Soyez certain qu'avec l'aide de Dieu, mourant et mort, je la conserverai autant qu'il faut pour mon salut. »

Il prétendit alors que sa moustache « pouvait l'incommoder pendant l'exécution ». Son chirurgien sanglota. Il coupa lui-même « la flotte » et la jeta au feu.

On le fit alors descendre à la chapelle. Il s'avança vêtu « d'une méchante casaque » fournie par un soldat, adorant « incessamment » son crucifix, tout en disant adieu, « à droite et à gauche », aux capitaines et aux gardes.

A genoux sur les degrés de l'autel, il écouta « paisiblement et dévotement » son arrêt. Il se leva et dit « modestement » aux commissaires : « Je vous remercie, Messieurs, et toute votre compagnie, à qui je vous prie de dire de ma part que je tiens cet arrêt de la justice du roi pour arrêt de la miséricorde de Dieu. »

S'étant agenouillé de nouveau, il fit un « petit abrégé de confession pour ne rien laisser en arrière » et il reçut une dernière absolution.

Il fut alors livré au grand prévôt de la maison de ville : celui-ci le livra à l'exécuteur. Il y eut un nouveau délai. Le duc se rafraîchit la bouche, et, assis sur un banc en présence de l'exécuteur et des archers, il dit au confesseur : « Mon Père, qu'est-ce que je sens en moi? Je vous puis assurer devant mon Dieu auquel je vais répondre (personne n'entendit ce discours que le confesseur) que je ne suis jamais allé ni à bal, ni à festin, ni à bataille avec plus de satisfaction..., et quand je ne saurais par d'autres voies qu'il y a un Dieu, cette vertu qui me fortifie par-dessus la nature très faible de soi me le ferait toute seule adorer. Promettez-moi que vous ne direz jamais rien de ceci, de peur qu'on ne croie de moi quelque chose qui n'est pas. »

Le duc parla ensuite de son exécution, qui ne devait pas être publique. Il y aurait été, disait-il, exposé à la vanité en pensant aux amis qui se seraient trouvés dans la foule. D'autre part, il aurait désiré les ignominies d'une exécution publique.

En ce moment, « l'exécuteur eut mainlevée pour le prendre ». Le roi lui avait fait la grâce, en raison de sa naissance, de n'être point lié ni touché du bourreau que « par le fer ».

— Non, avait répondu le duc, qu'on me laisse mourir dans les formes et selon mon démérite, pour, en cela au moins, être plus semblable à Celui qui a daigné mourir en croix pour moi. »

Il aida l'exécuteur à découvrir son col et ses épaules, déchira sa chemisette et quitta le misérable vêtement de soldat qu'il portait. Il tendit ses deux bras tout nus qui furent étroitement liés.

Il s'avança au milieu de la compagnie des gardes, et disant à son confesseur : « Ne m'abandonnez pas de peur que je ne sois distrait du sacrifice que je vais faire, par quelque pensée vaine. Tenez mon esprit en arrêt. » Il rencontra au pied de l'échafaud d'autres religieux envoyés pour l'assister. « Je vous prie, mon Père, dit-il à l'un d'eux, donnez ordre que cette tête étant (abattue) par le coup ne tombe pas de l'échafaud : ramassez-la, s'il se peut. »

Il monte à l'échafaud, s'abstient de parler, par humilité, s'agenouille, baise le crucifix présenté par le confesseur, lève les yeux au ciel, demande les prières des religieux, invoque la sainte Vierge, saint Bernard, saint Ignace, saint François Xavier, s'ajuste par trois fois avec douleur sur le billot trop bas, y applique sa gorge couverte de plaies et pressée par le poids de son corps : « Seigneur Jésus, dit-il en latin, recevez mon âme. Adieu, mon Père. » On n'eut point le temps de voir le coup : la tête tomba « tout auprès sur l'échafaud ».

« Son corps fut peu après porté en carrosse à Saint-Sernin, où l'on n'a jamais vu jusqu'ici aucun corps en terre que des saints, parmi lesquels ce criminel repentant. »

Mme de Montmorency (manuscrit 1755), quelques jours après l'exécution du duc, fut conduite de Toulouse à Moulins. Mme de Chantal était à Lyon lorsqu'elle traversa cette ville. Mme de Montmorency désirait vivement la voir, mais l'archevêque de Lyon, frère de Richelieu, ordonna à Mme de Chantal de quitter le couvent de Lyon-Bellecour et de se rendre au couvent de l'Antiquaille, c'est-à-dire sur la colline de Fourvière, où Mme de Montmorency, paralysée, ne pouvait ni monter ni être transportée. « Cette dureté fut également sensible à l'une et à l'autre. »

La duchesse envoya à Mme de Chantal Mme de la Barge, sa dame d'honneur. Mme de Chantal « se dépouilla d'un petit portrait de saint François de Sales que lui-même lui avait donné », et en fit présent à la duchesse.

Celle-ci arriva à Moulins le 18 novembre 1832. Elle avait trente-deux ans. Sa captivité au château dura deux années. La mère de Bigny, supérieure du couvent de Moulins, envoyait deux ou trois fois la semaine à l'illustre prisonnière une sœur tourière « avec des fruits et autres petites choses ». Celle-ci était reçue dans un petit cabinet où très peu de personnes avaient « le privilège d'entrer ». Il n'avait aucun jour que celui qu'il pouvait recevoir de la clarté d'un flambeau. C'était comme une prison ajoutée à la prison. Les yeux de Mme de Montmorency semblaient être deux sources intarissables. Elle ne « parlait aucunement » et toutes ses réponses consistaient dans « un doux accueil » de visage. Elle recevait ainsi « tous ceux qui l'abordaient ».

Son projet de se retirer dans un couvent de Moulins fut connu avant sa sortie du château. Elle fut « puissamment sollicitée » pour qu'elle choisît une autre maison que la Visitation.

Mais « jamais pour cela elle n'a balancé », dit l'auteur. « Une des premières pensées qui lui étaient venues en l'esprit après la mort de son époux... fut que si François de Sales avait encore été sur la terre, il eût été seul capable de la consoler... A son défaut, elle souhaita communiquer son intérieur à la chère fille de son cœur, » à Mme de Chantal.

« Messieurs de Médicis et quelques-uns de leurs officiers » se présentèrent donc un jour et demandèrent la permission d'entrer dans la maison pour y choisir un appartement.

Quant à Mme de Montmorency, elle entra pour la première fois au couvent le 9 août 1634. Elle témoigna « être extrêmement satisfaite de la supérieure et de la communauté, à laquelle elle fit tout l'accueil que sa tristesse et sa douleur lui purent permettre ».

Peu de jours après, elle envoya au couvent une sorte de règlement auquel elle voulait s'astreindre pour ne « jamais » troubler l'ordre de la maison.

« Comme son logis de dehors joignait d'assez près, on trouva à propos d'y pratiquer une petite allée. » Une porte et un tour mettaient la duchesse en communication avec le couvent. Mme de Bigny lui remit les deux clés en « la suppliant justement qu'elle seule en eût toute la disposition » ; Mme de Montmorency « lui en donna la parole ».

Elle ajouta qu'elle n'aurait jamais demandé à se retirer en cette maison, si elle avait pu craindre d'y occasionner le moindre trouble ou relâchement. Son entente avec Mme de Bigny ne laissa jamais rien à désirer. Il y eut même entre elles attrait et affection.

Elle avait, en outre, son appartement au couvent. Elle en prit possession la veille de l'Assomption et assista à Matines, ce qu'elle continua de faire, malgré les « fâcheux restes » de sa paralysie. On avait dressé un petit oratoire près de sa chambre : elle y passait presque tout son temps à lire et à prier et n'en sortait guère que pour aller au chœur.

Mme de Bigny avec quelques religieuses venait « quelquefois » l'entretenir pendant la récréation du soir.

Le maître d'hôtel, en vertu du règlement mentionné plus haut, devait faire les repas et les faire porter très exactement au tour. La duchesse avança son repas de deux heures pour ne manquer aucun office. Son aumônier devait venir lui dire la messe. Elle devait sortir après et rentrer pour souper, « avec sa dame d'honneur (Mme de la Barge probablement) et trois demoiselles suivantes ». Celles-ci ainsi que Mme de Montmorency ne devaient parler aux religieuses qu'aux heures de récréation et n'entrer dans leurs cellules qu'avec la permission de la supérieure : elles ne devaient pas faire faire des messages aux « gens de dehors » de la duchesse. Elles devaient sonner les sœurs le moins possible et pour cela ne point entrer successivement. Mme de Montmorency, arrivée devant la porte, ne sonnait pas « habituellement » que toutes ne fussent réunies, malgré les protestations de la sœur portière.

Elle reçut vers cette époque une lettre du P. Arnoux, jésuite, qui avait assisté le duc dans son supplice. Il la félicitait de sa résolution. Son époux mort, disait-il, l'aimerait plus dans cette condition comme plus approchante de celle qu'il possédait. Il resta son directeur.

Au bout de deux mois, Mme de Montmorency fut « obligée de prendre les eaux. Aucun détail n'est donné sur son séjour à Bourbon, où elle les prit.

Pendant ce temps, une petite révolution s'accomplissait au couvent et les commentaires étaient fort divers. On circonvint à ce sujet Mme de Montmorency. « Même des religieux » la dissuadaient de rentrer. Certaines personnes « appuyaient adroitement les paroles de ses domestiques ».

Ces conseils « ébranlèrent sa résolution ». « Elle craignait de s'engager dans un lieu de contestation et de désordre et même d'être obligée un jour d'en sortir. »

Ce couvent avait eu d'ailleurs toutes sortes d'épreuves, sauf la peste qui l'avait miraculeusement épargné. En arrivant on avait trouvé dans la maison une dame qui ne voulut sortir que remboursée jusqu'au dernier denier. « On ne saurait dire ce que cette dame fit souffrir à la Supérieure », la mère de Bréchard, qui inaugura la fondation par une maladie de deux mois.

Il faut joindre à ces premières épreuves une pauvreté tenace et imméritée. Les religieuses, en effet, « s'occupaient fortement au jardinage... C'est du petit gain qui en revenait et de ce qui croissait de jour à autre qu'elles faisaient leur plus ordinaire nourriture..., elles mangeaient très peu de viande, elles portaient elles-mêmes les pierres des bâtiments comme les ouvriers les plus entendus. »

Une dame amie du couvent ignore pendant deux ans cette pauvreté et ne la découvre qu'en se faisant religieuse elle-même.

Peut-être l'ébruita-t-elle, car la femme du gouverneur vient visiter le couvent et laisse dix pistoles. Plusieurs autres amis de la maison envoient de temps en temps des vivres « et beaucoup d'autres choses utiles à leur entretien ».

Le logement est à l'avenant. Durant « quelques années », quelques-unes des religieuses couchaient dans des greniers, où elles trouvaient le soir leur lit « tout couvert de neige ».

Cette pauvreté est momentanément allégée par les dots de Mme de Chastellux et de quatre autres novices.

Mais l'épreuve rentre au couvent sous une autre forme. Les religieuses ont un aumônier qui, hautement recommandé, a cependant été frappé de censures ecclésiastiques. Elles veulent le renvoyer en lui payant le reste de sa pension : il leur intente un procès. L'évêque intervient. Le prêtre s'en va avec vingt écus pour le désistement de son procès et sa pension tout entière.

Cet aumônier, pendant ces difficultés, allait « dire çà et là fort mal à propos ce qui lui venait confusément dans la pensée ». Et les religieuses avaient eu « en peu de temps » toute la ville contre elles, car il avait « quantité d'amis et de connaissances ».

Puis le couvent est troublé par une religieuse. D'après les annales réunies des couvents de Moulins et de Nevers, cette religieuse, fille d'un trafiquant enrichi, mariée à un gentilhomme, veuve à vingt-deux ans avec deux enfants, belle, spirituelle mais légère, se conduisait à Paris d'une manière qui « commençait à faire du bruit ». Saint François de Sales conseilla à la famille de l'envoyer à Moulins. Là elle prend l'habit, « à dessein purement » de venir avec la mère de Bréchard à Nevers, où l'on fondait une maison. Mais le gouverneur de la province et tous les gens de première qualité du voisinage prennent un intérêt mystérieux à la continuation de son séjour à Moulins : on la menace de l'arrêter en route. Elle réclame alors les sommes considérables qu'elle a données pour la fondation de Moulins, et semble prendre à tâche de se rendre insupportable aux religieuses de Moulins auxquelles elle veut donner cet argent.

La mère de Chantal écrit à l'évêque d'Autun : « Si pour mettre la tranquillité et la paix dans (le) monastère, il ne faut que rendre l'argent à notre bonne sœur la bienfaitrice pour qu'elle aille se loger ailleurs, assurément nous en serons très contentes. »

Sans une vision de la mère de Monthoux, supérieure de Nevers, un procès aurait eu lieu entre les deux couvents. La mère de Monthoux, au risque de ruiner son monastère « de fond en comble », offrit de rendre l'argent. On transigea et tout alla bien, sauf la « bienfaitrice ».

« Cette pauvre créature, écrit la mère de Chantal, est servie et logée comme il lui plaît : elle s'habille comme bon lui semble.» (Elle portait en outre sur elle le musc et les parfums les plus mondains)... « Cette pauvre fondatrice qui se fonde si mal en vertu ne sait ce qu'elle fait. » Cela pouvait s'appliquer au physique comme au moral, car elle mit, par étourderie sans doute, trois fois le feu au couvent. La mère de Chantal était renseignée par la supérieure, Mme de Chastellux, qui, toujours épiée par la terrible bienfaitrice, n'osait écrire que pendant la nuit.

Tout cela transpirait au dehors, car elle faisait « des parloirs tout le long des haies ». Elle autorisait « quelques dames de ses bonnes amies » à entrer au couvent autant elles voudraient. Elle les fit même autoriser par l'évêque, dont elle avait surpris la bonne foi. « La bonne mère de Chastellux », d'ailleurs, ne toléra pas ces intrusions.

Mme de Chastellux jouissait de l'estime de l'évêque, qui dans une visite avec des membres de son clergé l'avait déclarée « une très vertueuse religieuse, incapable d'aucune passion et vraie dépositaire de l'esprit du saint fondateur ». Le prélat avait rendu ce témoignage en présence de la bienfaitrice, qui venait d'accabler de « reproches » et d'invectives la supérieure et la communauté tout entière. La bienfaitrice se convertit pourtant. Un jour la mère de Bigny, successeur immédiat de Mme de Chastellux, fut mandée par celle-ci ; elle avait vu en songe un flambeau brusquement éteint. C'était, pensait-elle, un avertissement de sa mort. Elle se jeta aux pieds de la mère de Bigny, demanda à faire un second noviciat, coupa ses cheveux, enleva de sa chambre tous les tableaux de prix, arracha toutes les tapisseries.

Au bout d'un an, elle fit une seconde profession en présence d'une grande foule. Elle déclara faux tout ce qu'elle avait dit contre le monastère et déchira publiquement tous ses privilèges de fondatrice et de bienfaitrice. Quinze mois après sa conversion et deux jours après une communion, se trouvant devant la mère de Bigny, elle s'écria : « Mon Dieu, miséricorde ! » et tomba morte à ses pieds.

Après cette éclatante réparation, le couvent fut troublé par la mère de Bigny elle-même.

Peu de temps après le départ de Mme de Montmorency pour les eaux de Bourbon, la mère de Bigny fut atteinte d'hydropisie. Les médecins épuisèrent leur science et finirent par déclarer que le seul moyen de la guérir était de l'envoyer aux eaux de Bourbon. La règle défend de sortir jamais « pour recouvrement de la santé ». La mère de Bigny déclara qu'elle aimait mieux « perdre la vie ». Ses frères ne se résignèrent pas ainsi et obtinrent de l'évêque une lettre pour qu'elle allât « promptement » aux eaux. Postérieurement, on voit deux cas d'autorisations semblables : la mère de Chastellux songe même à supprimer le couvent de Bourbon pour enlever la tentation. Le cas de la mère de Bigny paraît compliqué de circonstances particulières. Elle avait fait pendant son administration des « dépenses excessives » et montré une trop grande facilité à recevoir les postulantes, mais surtout elle avait séjourné chez ses frères.

La mère de Bigny, accompagnée de quelques religieuses, partit donc pour Bourbon, où elle ne paraît pas avoir vu Mme de Montmorency.

Elle vécut « avec autant de régularité » qu'au monastère, soit à Bourbon, soit dans la maison de ses frères. Elle ne tarda pas à revenir soulagée.

« Le séjour de cette chère mère, dit l'auteur, dans la maison de Messieurs ses frères, fut une innovation dans l'ordre... notre sainte fondatrice en reçut bientôt plusieurs plaintes. » La mère de Chantal demanda à l'évêque d'Autun de la faire déposer.

Le 4 octobre, vers 5 heures du soir, le grand vicaire vint au couvent : quatre religieuses de l'institut, venues à Moulins à cet effet, étaient avec lui : il fit assembler le chapitre, déclara l'objet de sa visite et présenta l'une des religieuses qui l'accompagnaient comme la nouvelle supérieure de la maison.

La mère de Bigny, « sans demander aucunement la cause d'un procédé si surprenant », témoigna se soumettre à cet ordre. Mais les religieuses demandèrent « avec larmes » un sursis jusqu'au retour présumé incessant de la mère de Bréchard. Le grand vicaire accorda jusqu'au lendemain. Il vint dire la messe, à la fin de laquelle la mère de Bigny étant venue à la grille, « sans que l'on eût fermé l'église ni sonné le chapitre », se mit à genoux au milieu du chœur, et remit sa charge entre les mains du grand vicaire, aux yeux des religieuses douloureusement surprises de ce coup secrètement concerté.

« Ne pouvant se modérer », elles sortirent du chœur « avec... mille sanglots », prenant Dieu à témoin de la grande injustice que l'on faisait mal à propos à leur chère mère. »

La mère de Bigny employa tout son ascendant pour calmer leur ressentiment.

La nouvelle supérieure cependant n'était que provisoire. Peu de jours après, les religieuses furent invitées à faire l'élection. Elles voulurent attendre la mère de Bréchard. Cela leur étant refusé, elles demandèrent à s'entretenir avec le P. de Lingendes. Après les avoir vues, il leur « remontra que malgré l'injustice et la rigueur qui leur paraissaient dans cette conduite, il la fallait subir et que c'était un orage qui passerait ».

On ne voit pas nettement si les religieuses se calmèrent et si elles procédèrent à l'élection.

Pendant ce temps, Mme de Montmorency réfléchissait pour prendre un parti. « Elle y songea pendant quelques jours sans en rien dire... à personne. » La maison de Moulins, pensait-elle, était « une partie considérable du nouvel institut ». En définitive, il n'y avait eu « aucun dérèglement ». En ne rentrant pas, elle confirmerait tous les bruits : elle résolut donc de rentrer et même de « donner une partie de son bien ».

Mme de Chastellux était élue supérieure en ce moment ou elle allait l'être. La communauté témoigna « une extrême douleur » du départ de la mère de Bigny. La mère de Bréchard, enfin arrivée, « pacifia » les esprits. Néanmoins les religieuses parlèrent encore de ce « traitement sévère » à la mère de Chantal lors de sa visite, trois ou quatre ans après.

Cependant la diffamation allait son train contre le couvent. Parmi les détracteurs de bonne foi se trouvait un religieux vaguement désigné.

C'était « un savant docteur émané d'un ordre fameux, mais d'une vertu sévère qui pouvait tout autant venir du caractère de son esprit que de la sainteté de ses mœurs ». « Un jour, poursuit l'annaliste, dans un sermon qu'il fit en notre église, il ne put s'empêcher de nous reprendre avec beaucoup d'aigreur comme des filles déchues de notre institut. »

Mme de Montmorency le pria en particulier de vouloir « changer un peu de discours ». Il était, lui disait-elle, dans l'erreur et elle serait obligée « de quitter ses prédications », mais il était « tellement prévenu » qu'à la première occasion il parla « avec toute la même aigreur ». Mme de Montmorency « sortit tout aussitôt du sermon », ce qui « surprit et mortifia » le prédicateur. Elle lui conserva d'ailleurs son estime et « son respect ».

Cette répression persuada aux assistants que la princesse ne prendrait pas ainsi la défense d'une maison où régnerait « le désordre ».

Le mal, toutefois, n'était pas déraciné. A la mort de Mme de Montmorency, en effet, on plaça son cœur avec celui de la mère de Chantal. « C'était, pensaient les religieuses, le moyen le plus assuré pour arrêter les calomnies et mauvais bruits qui s'élevaient contre le couvent. »

Mme de Montmorency avait débuté par des occupations plus conformes à sa douceur naturelle. Elle formait « de la manière la plus douce et la plus engageante » quelques jeunes professes. Elles avaient peine à faire oraison. La duchesse concourait en quelque sorte avec elles à qui arriverait la première au chœur. Pour cela, elle se tenait quelquefois éveillée assez longtemps, de peur de se rendormir et de ne pas entendre la cloche.

La présence de Mme de Montmorency n'avait pas empêché le couvent de faire une rechute dans la pauvreté. Il ne pouvait plus « aucunement subsister », car il y avait une « disette de toutes choses ». Mme de Chastellux, n'osant en parler à la duchesse, écrivit à Mme de Chantal. « Par son avis, on mendia la charité de tout l'ordre. » Parmi les trente maisons, celle d'Orléans fit l'envoi colossal de trois cents livres (et de 27 aunes de serge). Les autres envoyèrent une moyenne de soixante-cinq livres environ, sans compter le linge.

Ces envois durent créer un mouvement et une agitation sensible, car Mme de Montmorency « n'ignora pas longtemps » le déséquilibrement des finances du couvent. Elle ne pouvait alors « recevoir aucune chose de ce qui lui était dû », mais elle emprunta de l'argent dont elle paya régulièrement les intérêts. Son génie financier paraît avoir été médiocre. Elle ne put d'abord jamais se résoudre à plaider, faute de quoi elle perdit quarante mille livres dans une circonstance. Ses gens poursuivaient-ils ses débiteurs juridiquement, elle indemnisait ces derniers. Elle ne tenait aucun compte de ses dépenses. Elle fut débordée dans la construction de son église et du mausolée célèbre par suite de la perte imprévue de deux cent mille livres, elle fut même aidée par Anne d'Autriche. Suivant les conseils de Mme de Chantal, elle était décidée à assurer un revenu au couvent, et à subordonner ses constructions à cette idée. Cependant, à sa profession, longtemps retardée par ses affaires temporelles, elle n'avait plus que vingt-cinq mille livres.

Quoi qu'il en soit, sa présence paraît définitivement permettre dès lors à la communauté d'être traitée « comme le coutumier le permet, tant pour le vivre que pour le vêtir ».

Mme de Montmorency paraît avoir payé pendant les huit premières années mille cinq cents livres « de bonne étrenne ». De plus elle fournissait tout l'argent nécessaire aux économes. Pendant les dix-sept années suivantes, elle paya trois mille six cents livres de pension : « c'était presque tout le revenu du monastère, chargé d'un grand nombre de religieuses ». Elle obtint le « franc salé » pour les religieuses.

L'épreuve, chassée par une porte, semblait rentrer par une autre, sous une autre forme. Vers cette époque, la visite du couvent fut faite par un délégué « d'une fort grande vertu » et d'une « rare doctrine », sauf en matière de vie monastique. Il était « peu expérimenté, dit l'auteur, ès faits de religion ». Il chargea la communauté « d'ordonnances directement contraires aux règles ». Justement une religieuse se trouvait dans la ville où était l'évêque. Il lui confia les pouvoirs voulus.

A son retour, elle s'empressa de « casser et d'annuler lesdites ordonnances » au sein du chapitre.

On atteignit ainsi l'année 1638. Le grand vicaire voulut consulter Mme de Montmorency au sujet de la prochaine élection, mais elle le pria de l'éclairer seulement sur ses propres défauts. « Je tâcherai, dit-elle, moyennant la grâce de Dieu, de les corriger soigneusement pour n'y plus retomber de ma vie. »

A partir de cette année, elle assiste au conseil, afin que tout soit décidé par « son grand jugement ». Mme de Chantal, venue à Moulins, l'a exigé, et, à son retour à Annecy, elle fait mille éloges de Mme de Montmorency et caractérise sa situation.

C'est une veuve qui pleure « un des sujets les plus accomplis que le soleil ait jamais vus ». Abandonnée même de ceux qui lui « avaient le plus d'obligation », elle défend à ses gens de parler entre eux de ses ennemis. En fait de nourriture et de vêtement, elle accepte tout avec résignation sans qu'on puisse savoir « si la chose est à son goût ou non, tant elle méprise sa personne ».

Elle ne croit pas avoir « l'esprit qu'elle a (et) fait tout ce qu'elle peut pour faire croire qu'elle n'en a pas ».

Pour respecter la clôture, elle se fait saigner dehors dans une chaise à porteurs, par le chirurgien. Elle sert de ses propres mains les malades à l'infirmerie. « Quelquefois elle envoie aux exercices spirituels la sœur infirmière et demeure en sa place. » Dans une circonstance, elle a demandé pardon à genoux pour une sœur converse. Elle communie après les sœurs « du petit habit ». Jamais elle ne fait retirer personne, pas même ses femmes de chambre, pour s'entretenir de choses secrètes. « Si on s'approche, elle change doucement de propos. » Elle s'accommode « agréablement à toutes sortes de prochain », et pendant les récréations ne souffre pas qu'on lui rende « de respects particuliers ».

Pendant qu'on faisait ainsi son éloge, Mme de Montmorency répandait « l'inquiétude » parmi les sœurs de Moulins, par sa manière d'agir. Elle avait obtenu de saint Joseph une guérison pour elle ou pour autrui. Dans sa reconnaissance, elle avait fait bâtir au saint une chapelle dans le jardin. La chapelle était fort belle et les religieuses « en eurent de la peine à cause de la simplicité que le coutumier recommande ». La mère de Chantal, répondant à la lettre de Mme de Montmorency, la félicita sur son crédit auprès du saint et dit que la simplicité n'était pas obligatoire pour celui qui donnait, et l'incident fut clos. La mère de Chantal revint à Moulins deux ou trois ans après (1641), pour y être maîtresse des novices, parmi lesquelles allait figurer Mme de Montmorency. Elle congédia alors ses domestiques. Elle avait passé les sept années précédentes en partie dans le monde, c'est-à-dire secourant les malheureux, apaisant les différends, rendant de bons offices. On s'adressait à elle, des provinces voisines même.

Comme novice, elle donna l'exemple. « C'est mon ouvrage de délices, disait en riant la mère de Chantal aux autres novices ; je gagnerais plus en une heure avec elle qu'en des années avec vous autres. » Sur ces entrefaites, Mme de Chantal fut appelée à Paris par Anne d'Autriche. Elle retira Mme de Montmorency du noviciat ; elle comptait lui donner le voile à son retour. L'essai de la vie religieuse était fait depuis longtemps ; quant à la profession, elle paraissait éloignée en raison des affaires temporelles dont la situation n'est pas décrite. Elle ne prit le voile que beaucoup plus tard pour diverses raisons. De retour, Mme de Chantal reprit la direction des novices : « On ne la trouverait plus, disait-elle, en aucun autre endroit du monde. »

Ces paroles étaient prophétiques dans un sens. Quelques jours après, la fièvre la prit, avec les caractères évidents d'un mal dangereux ; Mme de Montmorency fut dans l'angoisse. « Quoique la douleur de la communauté fût extrême, dit l'auteur, la sienne était encore capable de l'augmenter. » « Il fallait lui donner des nouvelles à toutes les heures de la nuit. Elle ne la quittait pas le jour. Elle offrit « mille fois sa vie à Dieu » pour obtenir sa guérison. Le septième jour de sa maladie, la mère de Chantal voulut avoir un entretien avec Mme de Montmorency, qui ordonna à une sœur d'écrire « tout ce que la bienheureuse dirait ». Celle-ci termina en lui disant, après l'avoir embrassée : Je crains, Madame, que vous ne tombiez malade et il ne le faut pas. Je vous conjure au nom de Dieu de vous consoler sur cette séparation, puisque c'est lui qui l'a faite ; la main qui nous mortifie nous vivifie. »

La séparation eut lieu ce jour-là même. Mme de Montmorency voulut avoir comme relique le nom de Jésus gravé sur le cœur de la sainte et même les yeux sur l'assurance que le visage n'en serait pas défiguré. Elle régla les dernières solennités et le transport du corps à Annecy. Elle transforma la chambre en oratoire en y laissant « paillasse, matelas et chevet ».

On ne voit pas le rôle qu'elle put jouer dans la querelle des religieuses d'Annecy et de Moulins au sujet du cœur de la sainte. L'évêque de Genève décida qu'on devait du moins en donner la moitié à Annecy. « Toutes (les sœurs de Moulins) unanimement protestèrent de souffrir plutôt que l'on arrachât leur propre cœur que de partager ou donner celui de leur sainte mère. »

Ici le manuscrit devient vague. Les affaires temporelles contraignent Mme de Montmorency « de différer de plusieurs années son entier engagement à la religion. » Elle ne prend pas le voile, ses frères cherchent à l'attirer en Italie, et dans ce but lui envoient le P. Godefredy (1644).

D'autre part, le P. Charlet, jésuite, lui écrivant, dit que c'est « la dernière pièce de batterie » dirigée contre sa résolution. Mme de Montmorency rend alors à « ses parents » cent mille écus de sa dot pour leur « ôter l'espoir » de la voir revenir en Italie ; cette décision est qualifiée par l'annaliste de « doux lénitif » à l'excessive douleur de la mort de sainte Chantal.

L'année suivante, arrive (1645) à Moulins le corps du duc de Montmorency, exécuté quinze ans auparavant ; trente ans auparavant avait eu lieu le mariage. La dépouille du dernier seigneur féodal de France reposa provisoirement dans l'église du couvent. Mme de Montmorency n'est point absorbée par ses souvenirs : elle obtient de l'eau de la ville.

L'eau sera conduite dans tous les offices. Il y aura une belle fontaine au milieu du jardin ; il y aura aussi deux lavoirs et un lavabo.

Un brodeur finit l'ornement qui figurera à la canonisation de saint François de Sales, ornement commencé depuis quatre ans. Le fond est en moire d'argent largement brodé d'or et orné de perles fines.

Le duc n'est pas oublié dans ces travaux. Un peintre italien travaille pendant quatre ans à des tableaux « de fort belle mignature », destinés à l'église où sera le mausolée. On a commandé à Paris un tabernacle en ébène garni d'argent. Les vases sacrés sont en argent ciselé. Les rayons de l'ostensoir d'or sont garnis de diamants et de perles fines. Ces travaux vont durer dix ans encore. Mme de Montmorency jouira du tombeau pendant onze ans. Les époux, réunis, semblent, comme autrefois, attirer le monde à eux.

Mme de Ventadour, nièce de Mme de Montmorency, lui confie sa fille aînée, âgée de cinq ou six ans, future religieuse : à la mort de sa grand'tante, elle sera le principal personnage du couvent.

Puis ce sont Mlles de Valençay, des parentes aussi, âgées de sept ans et de trois ans. L'aînée, fort bien douée et excellente religieuse, obtiendra secrètement l'autorisation de sortir de l'institut, après la mort de Mme de Montmorency, et ira édifier un autre ordre. Elle est entrée au monastère, écrit-elle au Saint-Père, par attachement pour sa parente, « elle n'a jamais pu pacifier les troubles de sa conscience ».

Elle a obtenu la même autorisation pour sa sœur cadette ; celle-ci consent à quitter les « cendres si précieuses » de Mme de Montmorency et à la suivre dans quelque autre couvent de l'institut. Voyant sa sœur inflexible, elle va devant le saint Sacrement faire le vœu de ne jamais sortir du couvent de Moulins.

Enfin, c'est Mme de Longueville. Elle vient chercher des consolations sans troubler l'ordre de la maison. Pour cela, quand ses lettres arrivent trop tard, elle ne les accepte que le lendemain. Pendant ce temps, Mme de Montmorency continue de veiller aux

intérêts du couvent : elle consent à être privée de Marguerite Ge-
nin, depuis longtemps « à son service », afin qu'elle devienne
supérieure.

Elle joint 1.000 écus aux 4.000 livres envoyés par le couvent
pour la canonisation de saint François de Sales. Elle invite deux
religieuses envoyées aux eaux par leur frère l'archevêque à rentrer au couvent. Le plus tôt, dit-elle, sera le meilleur. Elle con-
seille à Mme de Chastellux de pas supprimer la maison de Bourbon,
quoique ce soit une tentation pour les eaux.

Elle reçoit de ses frères et sœurs sept corps de martyrs pour
sa chapelle, car la chapelle s'achève, longue de 76 pieds et de
style composé.

Sur le tombeau de marbre noir est le duc à demi couché, ha-
billé « à la romaine ». A ses pieds est Mme de Montmorency en
« habit négligé », vraie statue de la douleur.

Enfin, les religieuses disent les grandes vigiles des morts.
MM. de Notre-Dame font un service solennel, « Madame la duchesse fait sonner un glas général ». Le duc est transporté dans
sa demeure définitive.

Deux ans après, Mme de Montmorency prend le voile. La foule
déborde dans la rue. Tous les corps de la ville sont là. Il n'est
pas question de prise de voile cependant, mais d'une translation
de reliques.

Le P. de Lingendes fait le panégyrique des martyrs. Il dit
pourtant brièvement que Mme de Montmorency vient de prendre
le voile et pourquoi elle a tenu à le faire sans solennité. « Mais
à peine put-il se faire entendre, ses premières paroles ayant
causé une émotion universelle...; lui-même était si touché qu'il
fut obligé *bien plus d'une fois* de se donner quelque répit, et pour
attendre le calme de cette nombreuse assemblée. »

En attendant le moment de faire des reproches à l'indiscret
prédicateur (peut-être de connivence avec les religieuses), Mme de
Montmorency demeura seule immobile dans « le centre de son
néant ».

Après la cérémonie, elle voulut remettre les 25.000 livres qui
lui restaient, sans devenir fondatrice. Le P. de Lingendes lui fit

observer que le titre de fondatrice assurait ses donations antérieures. Elle fonda sur cette somme la réception de trois novices et fit une rente viagère de 600 livres à son écuyer.

L'année suivante, elle prononça ses vœux (1658). Elle avait donné le reste de sa fortune. Il lui était revenu quelque argent. Elle donne, en effet, à l'occasion de sa profession, « un louis d'or à chacune des sœurs et 400 livres pour traiter la communauté ». Cet argent sert à construire la grande allée du cloître.

L'année suivante (1659), toute la cour vient au monastère; c'est l'année où l'on doit élire la supérieure. La communauté voudrait élire, avec dispense, Mme de Montmorency, « qui en vint jusqu'à la menace de se pourvoir en cour de Rome contre cette infraction prétendue de la règle ». On voulait réélire la mère Picouteau, âgée d'ailleurs; mais elle avait dit « tout franchement qu'elle s'exposerait plus volontiers à la mort qu'à sa réélection ».

Trois ans après, Mme de Montmorency fut élue unanimement, quoique la supérieure lui eût accordé, pour la satisfaire, de n'être pas sur le catalogue. Quinze jours après son élection, eut lieu la canonisation de saint François de Sales. Elle avait dit, ce jour-là, qu'elle espérait mourir pendant la première année de l'exercice de sa charge de supérieure. Son vœu se réalisa. Le jour de l'Ascension, la fièvre la saisit. Une inflammation de poumon l'enleva rapidement (5 juin 1666).

« Du moment que cette triste nouvelle fut divulguée à Moulins, dit l'auteur, toutes sortes de personnes venaient confusément au monastère crier avec abondance de larmes : Nous avons tout perdu en perdant ce grand support de notre ville; que l'on nous donne quelque chose que cette sainte ait touché ou de la terre sur laquelle elle a marché. »

Les médecins, en enlevant son cœur, enlevèrent secrètement quelque partie de sa chair comme relique.

L'église demeura tendue de noir pendant trois semaines, pour donner aux divers corps religieux le temps de célébrer des services.

A. F.